JN440356

고니 김윤곤 시집

구름을 세우는 사람

이 책의 판매대금 전액은
우리의 소녀 소년 가장을
후원하는데 사용합니다

구름을 세우는 시간

인　쇄: 초판인쇄 2017년 12월 15일
인　쇄: 초판인쇄 2017년 12월 20일
지은이: 김윤곤
펴낸이: 윤기영
편집장: 정설연
펴낸곳: 노트북
등　록: 제 305-2012-000048호
본　사: 서울시 동대문구 사가정로 256-4호 나동B101호
전　화: 070-8887-8233 팩시밀리 02-844-5756
이메일: hdpoem55@hanmail.net

2017. 12. 김윤곤 제2집

ISBN: 978-89-92687-99-7-03810
정가 10.000원

*저자와의 협의로 인지는 생략합니다.
*잘못된 책은 교환해 드립니다.

고니 김윤곤

책 머리말

시를 어려워하고 꺼려하는 분들도 쉽게 느낄 수 있고, 곰곰이 생각하면, 우리 인생을 한번 생각할 수 있는 시. 남녀노소, 특히 우리의 청소년들도 접하기 쉬운 책. 이해하기 힘든 단어의 나열이 아닌, 시가 있고 생활이 있고, 희로애락이 고스란히 담겨진 그런 책입니다.

바위가 인연의 옷깃에 닳아 스러지는 시간을 겁이라 합니다. 또한, 몇 겁의 인연이 쌓이고 모이면 지금처럼 같은 공간, 같은 시간 속에서 우리가 더불어 어울리며 사람살이를 하게 됩니다.

이 책은 시인과 독자와의 만남이 아니라, 시인과 친구와의 만남입니다. 보는 친구 분들의 편안함을 위해 시와 시작 노트가 곁들여져 있음도 그런 이유입니다. 시인인 친구와 우리가 지금 살아가는 인생을 음미한다 생각하고, 고니 김윤곤의 글들을 천천히 읽어주시면 더없이 감사하겠습니다.

그동안 고니는 마음 고운 친구 분들에게 많은 사랑을 받았습니다. 내 고운 친구 분들의 아껴줌에 보답하기 위해서, 또한 시인으로는 사회에 봉사하라는 저의 어머니, 유영조 여사님의 뜻에 의해, 이 책의 수익금이 아닌, 판매대금 전액은 우리의 응원이 필요한 소녀. 소년 가장들을 후원하는데 사용합니다.

거칠 것 없는 바람은 가는 길이 되고, 위인은 먼저 가는 길이 뒤에 오는 후인들이 쉽게 가는 길이 됩니다.
그 정도는 아니더라도, 고니가 시인으로 지나가는 길이, 누구 한명에게 도움이 되는 시인이기를 바랍니다.

2017년 어느 겨울날...고니 김윤곤

목차

굴곡 많은 삶을 살다 가신 아버지

그 영전에 올립니다

사랑합니다.

하늘아 하늘아

날고 싶다
주어져있는 아픔을 딛고서
저 아득한 공간속에 한 점이 되고싶다
죽음 속에는 안락이 있을까? 삶에는…
눈동자는 무엇을 갈구하기에 저리도 붉은가
왜 저리도 멍이 들어 있나

이해하지 못하는 안타까움은
뇌리에 검은색으로 변색되고
조금씩 더 검은 육신은
영혼 속에서 헤어나지 못하는 가난이구나
불투명한 잔은 한쪽에서 다른 쪽을 볼 수 없고
면을 보아도, 속을 볼 수 없다는
간단함을 어이 모르는가

어허야~
눈물은 아직 먼 죽음이고
눈두덩이는 터지는 아픔이구나

어허야~
피부의 노쇄됨은 현실속의 아픔이요
니코친 낀 치아는 생활을 잃은 악마로다

허어~
안락을 앞에 두고 가지않겠다 함은
자신을 잃은 자인가
격리된 삶을 원함인가

후우~
고집은 파멸이고
아집은 죽음이구나

곁에 있는 이가
사람을 사랑하는 이가
가정과 가족이 있는 이가
어찌 저리도 구슬픈지를…

미쳐진다
곡을 하는 애절함에 가슴이 박살나고
두 손잡고 애걸함에 혼이 무너진다

눈을 잃고, 귀를 잃고, 심장을 잃어버린 이여
자신을 위한 죽음의 축복의 잔에 건배를…

삶을 잃고, 생활을 잃고, 사람을 잃어가는 이에게
또, 한잔을…

쓰디쓴 술을 물고, 통곡하는 영혼에
또, 한잔을…

김윤곤

그리고, 나에게 술을...

흩어지는 눈동자 속에
그리고,
흐르는 두 줄기의 눈물 깊은 곳에는
고독한 영혼의 거침없는 맑고 푸른 하늘을...

하늘아!
희미한 어둠속에서
끝없는 암흑에서
결국은 아무도 알 수 없는
누구도 알 수 없는
사라짐 속에 아롱질
한 방울의 술을...

♡

고1때, 폭군 아버지를 말리다 지쳐, 누런 도마 위에 식칼을 놓고 무릎 꿇고 울면서 말했습니다. "당신께서 세상에 내놓는 나, 아버지 이제는 거두어 주세요"

집에 가기가 너무 싫은데 가지 않을 수가 없습니다. 집 앞에서 집에도 들어가지 못하고, 울먹이며 나를 기다리는 가족이 있습니다. 사랑하는 가족들이,

폭군 아버지를 욕하는 시를 썼습니다. 고운 시인을 꿈꾸던 내가, 이런 시를 쓰는게 너무 가슴이 아파서 울면서 글을 썼습니다. 그냥 죽어서 날고 싶었습니다.

아버지는 성장하고 결혼할 때까지 계속 그렇게 살아 가셨지요. 당신의 마약 같은 주사인 며느리가 들어오고서야, 보통의 아버지로 돌아 오셨답니다.

도저히 이 시의 제목을 지을 수가 없어서, 시집의 시들이 모두다 제목이 사라져 버렸습니다. 그렇게 목차 없고 제목 없는 시집이 세상에 태어났습니다.

김윤곤

어머니의 삶

결코 둘 일수 없는 하나
결코 하나 일 수 없는 둘

몸서리 쳐지는 신음
찢어지며 울음 참는
악다문 입술마다
조금만, 조금만…
마치 불로 지져대는 듯…

아픔을 참지 못함이런가
흐려지는 눈동자엔
방울방울의 눈물이…

몸은 떠나오고서도
차마 심장은 가져오지 못했습니다
표정 없는 가녀린 몸뚱아린
아직 떨고 있음입니다

수십으로 갈라지는 불의 덩어리인지
수백으로 담겨지는 물 같음인지
작은초 하나가 타다가 재가 될 때
타원의 불꽃과 뜨거움이
파람에 배여 물들 때
가만히 접습니다

결코, 하나가 아닌 둘과
결코, 둘 일 수 없는 하나는
찰라가 아닙니다.

김윤곤

♡

아버지의 폭력에 찢어지고 피나는 입술을 악다물고, 흐르는 눈물로 울음 울며 "곤아! 내가 죽으마, 절대로 너거 아버지하고, 절대 무덤에 같이 묻지도 말그래이"

어머니는 그분의 자식들 때문에 평생을 같이 사셨습니다. 아버지께서 하늘의 부름을 받기전, 오년간의 왕비대접도 제대로 받으시면서, 꿈속의 그 오년 때문에,

같이 묻지도 말라시던 그렇게 절절한 미움도, 절실한 그리움으로 바뀌어 조금 훗날, 당신이 가실 아버지의 옆자리를 몸으로 쓸고 닦고 어루만지고 계신답니다.

어머니의 굴곡 많은 인생을, 제가 아들이 시로 그림을 그렸습니다. 힘들고 지치고 괴로울 때, 자식들 품에 꼭 안고서, 가슴으로 키우신 나의 어머니 사랑합니다.

이 시는 어머니를 위해 아들이 가슴 울림으로 만들고, 제 어머니께 바치는 아들의 시입니다. 그저 어머니의 아들로 태어남에 감사하고, 낳아주심에 감사드릴 뿐,

별☆이별

인 생 은
한 가 닥 끈

필 연 도 아 닌
우 연 도 아 닌
내 초 의 농

태 워 짐 에
빛 을 발 하 는
재 의 덩 어 리

그 래 서
완 전 한 없 음 . . .

가 슴 의 하 늘 에 사 는 별
이 별 로 가 는 길 에
두 손 을 곱 게 펴 고
뒤 로 돌 아 나 를 보 니

마 지 막 머 무 른 자 리 에 는
하 얀 뼛 가 루 항 아 리 하 나 ,

*이 시는 작가의 의도대로 편집됨

김윤곤

별☆이별과 그 이후

멍하니 하늘을 바라보았다
쓸쓸히 내리는 빗줄긴
하늘을 반쯤은 가리웠지만
그는 볼 수 있었다
당신의 얼굴을
당신이 하신 말씀을…
고요히 웃음 짓던 당신에게선
슬픔도, 괴로움도
없었다…

십칠 년이 지난지금
가슴에 감성이 허기질 땐
가만히 눈을 감고 그리워하면
당신이 여전히 보인답니다
이별이란 별로 가슴속에

사랑합니다
당신을…

♡

온가족이 꿈길을 걸어가던 사년 후, 동생 자취방을 둘러보신다. 가신 아버지, 동생도 없는 방에서 하늘의 부름을 받았습니다, 뇌출혈로 우리 삶의 희로애락의 끝을,

의사가 가족 중에 나만을 데리고 들어간, 수술실에서
벗겨진 머리 가죽에 드러난 두개골과 터진 혈관과
동이에 고인 내 아버지의 피와 평생 남는 피 비린내!

아버지를 산소에 모시고, 가슴속에 모셨습니다. 모시던 날에 쓴 글이고 밑에 줄은 오늘에 가만히 덧댑니다. 이렇게 아버지는 가슴에 사는 별☆이별이 됩니다.

주자십회 그중에 첫 번째가 불효부모 사후회 입니다.
세상을 살아보니, 효 불효 잘난 부모 못난 부모, 죄다.
필요 없고, 그저 곁에 살아계심이 기대지는 벽입니다.

천붕은 하늘이 무너짐을, 아버지가 돌아가심을 일컫습니다. 천붕을 겪게 되니 살아가는 가치관이 바뀝니다.
별☆이별은 죽음 뒤 누군가의 가슴에 별로 사는 것,

김윤곤

힘들어 하는 친구님께

밤하늘을 바라보니, 암울했던 어린 내가 보입니다.
고1때, 폭군 아버지를 말리다 지쳐, 도마 위에 식칼을
올려놓고, 무릎 꿇고 울면서 말했습니다. 당신께서
세상에 내놓은 나 "이제는, 당신께서 거두어 주세요"

집에 가고 싶은데, 가기 싫은 나와, 울먹이면서 나를
기다리는 동생과, 그나마 내가 집에 가야 조용해지는,
술 먹으면, 어머니를 때리고, 말리던 내가 대신 때우던,

남들은, 아버지로 부터, 내가 살아가야 할 길과 방향을
배우던 시기에, 나는 배우지 말고 고쳐야 할 것을 먼저
알게 되었습니다. 가다듬고 고치고 부수고 다시 짓고,

그나마 다행인 것은, 아들은 나를 닮고자 노력합니다.
딸은 대학생, 아들은 내가 죽고 싶던 그때의 고등학생,
지금 나는, 그때의 아버지의 나이입니다. 인생이란 게

세월이 흐르면, 님들 또다시 반복이 되더라구요?

글을 쓰다 보니, 힘들다고 하시는 분들이 많습니다.
부모님이 하늘의 부름을 받은 분도, 금전적으로 힘든
분도, 세상이 뜻대로 안 되서 힘든 분도, 꽤 많습니다.

아버지가 돌아가신 아픔을 천붕이라 합니다. 하늘이

무너짐이라고, 겪어봤더니 삶의 가치관이 바뀝니다. 그래도, 같이 죽을 수도 없습니다. 가슴에 이별로 깊이 새기고, 세상에 남은자의 인생을 살아가야만 합니다.

금전적으로 힘든 분은, 나의 갈 길을 서서 돌아보시고, 길인지를 보세요. 맞으면, 눈감고 귀닫고 앞 만보고, 십년만 가족만 보고 살아보시면, 쪼달리진 않습니다.

직업을 "무엇을 할 것인가"를 생각하지 마시고, 내가 "어떻게 살아야 하는가?"를 생각하고, 내 가족을 보면, 답이 나옵니다. 그냥 열심히 성실하게 최선을 다해서,

세상은 뜻대로 안됩니다. 하늘은 언제나 좀 부족하게 주신답니다. 열심히 살라고, 노력해서 얻는 것들만이 진정한 너의 것 이라고, 우리 인생은 과유불급 이라고, 노력한 게 아닌데 있으면, 내 것이 아니다 생각하세요.

주위에 분들이 많이 행복하신데, 너무 힘들어 하시는 분들도 많기에, 내 이야기를 올립니다. 우리는 우리의 인생을 만드는 과정입니다. 부모님이나 주위의 어떤 누구의 인생이 아닌, 훗날 후회하지않을 우리의 인생,

지금도, 조금씩 고치고 가다듬고 있습니다. 힘들어도 아파도 괴로워도, 피할 수 없는 우리 삶의 짐이랍니다. 지금, 힘든 고운님들을 위해, 힘든 날들을 먼저 지낸,

시인 친구가,

김윤곤

진주

그렇게 태어나길 원하지 않았던
조개가 거친 파도 속에 걸음하여
위험한 천적들과 거친 세파에
찢어지고 할퀴어진 상처들

진주는 하얀 살들을 보듬고
치료하고 아물 때 생성되는
부산물의 덩어리가 모인 것

세상에 존재하는 수많은 보석들 중
눈물을 뜻하는 단 하나의 보석.

별들이 꿈을 꾸는 빛의 진주는
볼품없는 거무튀튀한 껍데기 속
여리디 여린 하얀 속살이 흘린
피와 땀 그리고 눈물

아픔으로 세워진 눈물의 성.

나의 꿈

새가 둥지를 제대로 돌보지 않아
어둡고 캄캄한 폭풍의 풍랑속의
나뭇잎 되어 동동이던 어린 시절

꿈을 꿔왔다. 편안한 가정
화롯불의 따사로운 온기에
누우런 감자 고구마 익어가 듯
가족들의 정감들이 익어가고
편안함의 향긋함이 맴도는 가정

꿈을 이뤘다. 편안한 가정
언제나 주어진 책임을 다하는
듬직한 아들, 남편, 아버지 이길
남에게 아쉬운 손 벌리지 않고
기억할 것, 새겨질 것, 남겨주는 나를

지금도 내일의 꿈을 꾼다
앞으로의 편안한 가정이후
여기 세상의 여행을 마치고
누군가의 가슴속에 별로 남아
누군가가 삶이 힘에 겨울 때
등 뒤에서 기대지는 벽이 되어주고
딛고 일어서는 지팡이가 되어주는
나 이기를...

김윤곤

홀로서기

떠도는 별은 유성이 되어
뜨거움을 사르다 사르다
외로움에 못내 겨워 처박히고

은은히 타오르는 촛불은
서러움에 지쳐 눈물을 흘리고
멈추려 하면 굳어져 버린다

몽글히 피어나는 연기는
아쉬움을 이기지 못해
서려하면 밀어내고
방울지려 하면 흩어져 버린다

홀로이 서려하는 이는
밑바닥에서 차오르는
슬픈 고독을
가슴에 기대
하늘을 바라본다.

♡

하늘을 대신해 계시는 어머니, 기대지는 벽이 되시는 아버지, 평생 내편인 단한사람과 가족들, 주위의 친한 지인들이 있지만, 우리 인생은 홀로서기의 과정입니다.

홀로 선다는 것은 언제나 힘이 듭니다. 남들을 속이지 않을 만큼 당당하고, 남들에게 현혹되지 않을 만큼 지각 있고, 죽음 앞에 후회 없이 당당한 나. 홀로서기.

힘들어도 열심히 노력해야함은, 우리의 곱게 물든 노을 같은 인생과 우리가 걸어가는 길이, 먼 훗날에 누군가가 편안하게 따라오는 길이 될 수도 있기 때문입니다.

인류의 역사상 단 한 번의 예외도 없었던 죽음. 최고 성인인 예수 석가도 피하지 못한, 그 앞에서 후회하지 않는 나를 위해, 오늘도 내가 가진 최선을 다 합니다.

죽음 앞에서 후회 없는 나를 위해,

김윤곤

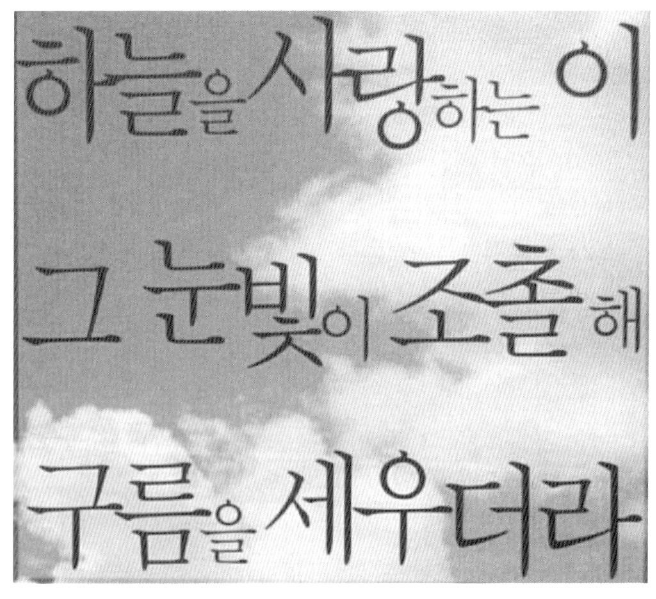

고니 김윤곤

첫 시집의 표지입니다. 시나 글을 쓸 때에 언제나 나의 인생을 담기위해 노력합니다. 단어의 나열 아닌, 약간 부족하지만, 고니의 삶이 고스란히 녹아 있습니다.

하늘은 우리 하나님이자 하느님이며, 전지전능하시며, 지극한 공경의 대상이자 우리를 사랑하는 친구입니다 종교적 관점 아닌 문학적 관점의, 우리 하늘님 유일신.

눈빛, 지향점. 높은 곳을 먼 곳을 바라보면, 지금 바로 할 바를 찾기가 힘들지만 가족을 바라보면, 답이 바로 나옵니다. 눈감고 열심히, 성실하게, 최선을 다해서,

조촐하다는 말을 무지 좋아합니다. 화려하지 않으나 소박한 깔끔함. 남루하지 않고 정갈한 수수한 단정함. 살다보니, 제 인생도 생활도 단정하고 지극히 조촐합니다.

구름, 꿈과 행복은 무지개가 아닙니다. 늘 우리 곁에 머무르고 있는데, 욕심 때문에 알지 못하고 잡지 못하는 우리가 존재할 뿐, 꼭 꽈악 잘 잡아 묶어 놓으세요.

김윤곤

경아

저어기,
멀리 수평선이 보이는
광나루의 사람들
흐릿한 하늘아래
모두가 웃는 얼굴

오늘의,
자그마한 근심 잊고
풍덩이며 물장구치는
순진한 몸뚱아리들

어쩌면,
세월 묻은 너와 난
다시는, 돌이킬 수 없는
천진함을 찾지 않았을까

어떤 말도,
입술의 언저리에서
오락가락 맴돌기만 할뿐
감정이 혼탁해질까

그냥,
고개 들어 멍 하니
하늘만 바라보았다.

경아,
그 흐릿한 하늘 아래로
꿈속에서 보았던 얼굴.
유난히 뽀오얀 너의 얼굴이

하늘을,
가득히 메우고도
겹겹이 겹쳐져 있구나.

김윤곤

♡

꿈에 다정한 다감한 상냥한 친절한 마음고운 여인을 만났습니다. 만났을 때에, 내가 가진 제일 예쁜 진주 목걸이를 그녀의 목에 걸어 주었습니다. 꿈결 속에,

꿈을 깨니, 이십여 년을 재워두었던 감성도 같이 깨어 버렸습니다. 엉겁결에 고니가 희한한 꽃을 품고 들어와 같이 살고, 지금은 자연과도 자연스레 대화가 됩니다.

일만하고 가족만 보고 살다가, 지금은 일도 하고 글도 시도 씁니다. 불행인지 다행인지는, 지금도 아리까리합니다. 지금까지 오 년째 불쌍하게 생고생 중입니다.

꿈속에라도 키스도, 옷 벗고 하는 레슬링이라도, 좀 해 보고나 이러면 억울하지는 않을 텐데, 무지하게 아쉽지만 경아는 다시 태어난 감성의 또 다른 시작이랍니다.

꿈속에서 다시 한 번 제대로 보고 싶습니다.
이리저리 좀 많이 예뻐해 주게.

샛별

어둡고 캄캄한 무한대의 광활한 천체를
헬 수 없이 끊임없이 긴 긴 시간을 여행하는
모든 별들이 가야할 길을 묻고, 그리워하는
모든 별들의 등대이고, 고향인 별
시인의 가슴속에 숨 쉬는 별.

나는,
샛별이 초롱하게 빛나는 눈을 가진 아이들과
웃으며 즐겁게 같이 하이파이브하고
볼살을 보석만지 듯 어루만지고
머리를 쓰담쓰담 쓰다듬으며.

무탈히,
멋스러운 어른으로 성장하기를 기도합니다.

우리들 죽음 뒤
우리를 가슴에 품고
다음 세대로 넘어가는 연결고리인
소중하고 귀한, 우리 아이들의
미래를 위해 기도합니다.

살아있는 샛별을.

김윤곤

어머니는

울컥 박찬
떨어지지 않는 걸음

길을 따라서
공간 속을 헤메이다
부르짖는, 외치는
깊숙한데 오르는 목메임

안식은,
따리워진 한잔에도
쓰라린 가슴을 부여잡고
품고 뿜는 연기에도

다만,
허탈한 미소를 베어 물고
발걸음을 뒤로 물림에 같이하시는
떠올리면 가슴 울림이 메아리치는
생각하면 가슴 저림이 공명이 되는
어머니

두 번은 경험할 수 없는
사람살이로
또,
이만큼을
커져갑니다.

♡

군에 입대하던 날, 어머니는 가만히 방에 들어와, 얼굴 귀 코 입술 손 팔 어깨 등, 온몸을 가만히 쓰다듬어 주셨습니다. 조용히 가슴속으로 작게 흐느끼시면서,

선임에게 방독면으로 세게 맞아 머리가 터졌습니다.
흐르는 피에, 죽이려고 다가가니 놀라 도망을 갑니다.
쫓아가는 나를 울음 울며 막으시는 영상. 나의 어머니

살다보면, 울컥 박차는 상황이 좀 여러 번 발생합니다.
아이러니하게도, 나를 사고 못 치게 막아주는 사람은,
그 자리에 계시지도 않는 고니의 어머니이시랍니다.

지금은 중년이라는 세월을 몸에 입고, 검은 머리에는 반백이 서서히 내려와 머물며, 몸도 예전과 다르네요.
이제는, 세월이 몸에 조금 더해지는 것은 보인답니다.

지금 지극히 조촐하지만, 세상 속에 책임감을 다하는 가장으로, 그리고, 고니가 세상 속에 감성의 시인으로서 있음은 나의 어머니 유영조 여사님 덕분입니다.

김윤곤

고니

내속의 또 다른 나
오 년 전에, 경아의 꿈을 꾸고
내속에 희한한 꽃을 들고 들어와 같이 삽니다
한 몸에 두개의 생각...

희한한 꽃은 희한하게
꽃은 꽃인데 향긋한 향기는 없고
차가운 바람만 쌩쌩 분답니다
처음에는,
나를 변태 보듯이 투명인간 보듯이 보더니
지금은,
나를 보면 고개를 푸~욱 숙입니다
삼단 같은 머리로 얼굴을 가린답니다

고니는,
가라해도 가지도 않고 우리는 한 몸이니
세상에 무한대의 꿈을 그리자고 유혹합니다
시인은 세상의 아름다움을 보게 듣게 생각하게
느낄 수 있게 도와주는 하늘의 전령
우리가 합치면 최고의 감성의 시인이라네요
희한한 꽃이 감성의 문을 여는 열쇠
문이 잠겨있어서 향기가 나오지 못하지
문이 열리면
감성의 향기가 세상에 진동 한답니다

고니는
희한한 꽃을 품으라 합니다
세상에 감성의 향긋함을 퍼트리라고
그래야 자기가 산답니다
희한한 꽃을 품고 감성을 퍼트리면
천사들의 장이 자기에게로 다가오고
하늘로 가는 문, 시간과 공간을 초월하는
웜홀이 열린다 합니다…

고니는,
지금도 귓속말로 속삭입니다
"고니는 하늘로 돌아가야 해"
"하늘의 꿈을 꾸러."

김윤곤

하늘의 꿈

하늘에는 하늘님과 다섯 개의 정령의 나라
그중에 감성의 나라의 왕자인 고니...
하늘의 법을 어기고, 하늘의 딸인 천사의 장과
뜨거운 사랑의 불을 질렀습니다

정령들의 애끓는 사랑인지라
얼마나 애절하고 아름다웠는지
지금도, 해질녘에 어스름한 하늘에
구름사이로 곱게 비춰집니다
아리게 아름다운 노을로

고니는 노을을 볼 때면 환장을 합니다
찌뿌린듯 좁혀지는 미간의 사이
눈은 영혼이 빨려들듯 좁아지고
동자엔 그리움의 이슬이 흐릅니다
자신이 만든 사랑의 잔상을 봅니다...

하늘의 지엄한 법을 어긴 죄로
세상에서 죄과의 업을 치르는 중 입니다
불쌍한 하늘의 딸인 천사의 장은
일 더하기 일로, 덤으로, 끼워져서
세상으로 업을 치르러 같이 쫓겨납니다

만나지도 만날 수도 알 수도 없는
지구의 반대편으로 떨어져서
죄의 업을 모두 갚을 때까지는
세상 속에서 일만을 하고 살아야 합니다
나를 만나면서 돌아갈 시간이 됐다네요

고니는
오늘도, 귓속말로 나즈막이 속삭입니다
"감성의 꽃을 품고, 웜홀을 열어줘"
"고니는 하늘의 꿈을 이뤄야 돼."

김윤곤

어디에 서 있는 가

어디에 서 있는가
마른 장작은 잘도 타올라
앵두빛 노을 속에 어둠을 더하고
발그레한 네 얼굴은 시름을 이어간다
손을 흔드는 세상의 막바지에서
흔들리우는 하늘 속의
영롱한 이슬을 품은, 검은 염주의 성수

번뇌는 언제나 아득하고
아득한 염원은 하늘의 별이 되어
춥디추운 대지는 갈라지는구나

포근함이여
메마른 콩팥의 팔려감이
깊은 골짜기 한줌의 천상초로다
비슬산 정기가 가물가물하고
방가수 영혼의 울부짖음이 들리는 듯하구나

떠난 자는 말이 없고
나루터의 배는 주인을 기다리는데
임은 언제나 돌아올까

우환,
사람이 불쌍한 것은 우환이 많음이로구나

♡

우리가 가진 걱정이, 우리가 아무리 무지 고민하고 걱정해도 해결되는 것은 5퍼센트이랍니다. 책임질 만큼만 지고, 나머지 고민은 믿고 잠시 하늘에 맡겨놓으세요.

하늘은 넓고 깊음이 무한대라, 어떤 고민을 맡겨도 다 받고 맡아 준답니다. 열심히 노력해서 가진 역량을 키워서 조금씩 꺼내서, 짐을 조금 더 키우면 된답니다.

무작정 가던 길을 멈추고, 가만히 곰곰이 돌아보면,
보고 듣고 생각하고 알게 되는 것들이 많아진답니다.
나를 바라보세요. 나는 지금 어디에 서 있는지를,

지금, 어디에 서 있는지를 천천히 제대로 보게 되면, 미래의 내 모습도 조금씩 우리의 눈앞에 보게 됩니다. 언제나 생각하고 돌아봅니다. 나는 어디에 서 있는지?

시인을 꿈꾸던 시절. 내 인생의 이정표는 시로 내가 만들어야지. 그렇게 쓰인 시입니다. 이제는, 백발이 되어가는 지금도 중요한 생각할 때 혼자 가만히 읊습니다.

김윤곤

겨울은

겨울은,
어떤 수많은 수식어보다도
하늘 한번 물끄러미 바라보고
살갗에 와 닿는 싸늘함만으로도
공허함을 느끼기에는 충분하다

겨울은,
하얀 흰 눈이 공기의 결 따라
훨~훨 날리우는 그리움 따라
어린 시절의 아이마냥 순수해지고
내려버린, 발길 스친, 눈만큼이나
변덕이 질척이며 심하다

겨울은,
안개 자욱한 산만큼 신비롭고
어둠 깔린 달만큼 평화롭지만
기댈 울타리 없는 짐승에겐
무엇하나 주지를 않는다.

친구님들!
어느 누구의 순수한 그 눈동자만큼이나
심장은 뛰음을 뛰며 가쁘게 할딱이나
그처럼 지낼 날이 가슴 아파
가장의 무거움을 지고 가는
이 시간도 더없이 소중합니다.

♡

겨울은 밖에서 보는 것과 겨울 속에서 지내는 것은 너무도 많이 다릅니다. 특히나 가진 것 없는 가난한 사람들에게는 더욱 힘들고 혹독한 계절이 바로 겨울입니다

밖에서 보이는 아름다운 겨울은, 눈꽃의 아름다움이 세상을 지배하지만, 그것은 가진 것 없고 기댈 곳 없는, 사람들에게는 그야말로 그림속의 따듯한 떡이지요.

더불어 살아가는 우리 세상에서, 몸 정신과 물질이 가난한 사람들도 생각하며, 조금 더 많이 가진 사람들이 양보하며 함께 도와주는 우리들이기를 바랍니다.

마음은 여행 다니며 시도 글도 쓰고 싶지만, 세상의 가장의 무게의 무거움에 오늘도 열심히 살아가다. 지금에야 잠시 쉬며, 살짝 한잔하며 몸도 마음도 쉼 합니다.

꿈을 꿉니다. 내가 좋아하는 것을 즐겁게 다 해보는, 그러면서 남들에게 도움이 되는 그런 좋은 꿈을 꿉니다. 꿈에 꿈결 속에 꿈을 꾸듯이, 꿈이 이루어지기를...

김윤곤

불꽃처럼

따사로운 태양아래 나를 여물게 하여 본다
존재하지 않음을 멀리하고 존재하는 미를 추구한다
저기 꽃이 아름답다. 그리고, 그것을 지켜보고
정성스러이 가꾸는 이가 있어 더욱 아름답다

솜털 삐죽한 보송한 선인장이 아름답고
아름다움을 느낄 줄 아는 이가 있어 즐겁다
일상에서 오고가는 눈길로서 만남을 느낄 수 있고
한 번의 포옹으로 서로를 인식한다

정성 가득한 말 한마디가 진리요
웃음 짓는 정겨운 욕이 사랑이다

멀리서 보이는 산은
어머니의 품속과 같은 포근함이요
보기 좋은 푸른 창공은
아버지의 자애로운 마음이라

산들바람은 내가 되어
세상의 아름다움을 보여주니
이 또한,
내가 존재하는 의미이다

더러움과 추함은 인식을 위한 존재이다
타오르는 불꽃을 위한 나무인 것이다

불꽃은 정화이다
아름다움과 추함을 포용한 깨끗하고 순수한
영혼들의 정화이다

존귀한 영혼으로 타올라 스러지며
어둠속에 불 밝히는 불꽃처럼
정화된 시인이 되고 싶다

감성으로 타오르는,

김윤곤

행복의 섬으로

노를 저어라
멀고먼 지평선 끝으로
우리의 이상과 사랑의 낙원으로

지치다 지친 육체를 끌고서
험난한 산맥을 넘고
아름다운 송림을 지나서

세상의 번뇌를 멀리하고
지금, 여기,
우리 한 알의 보리수가
영험을 만나서 얻는
안락의 해탈을 위해
노를 젓자꾸나

하아얀 파도가 물결치며 일렁이는
노오란 모래밭의 끝없는 행진이 있는
갈매기가 "끼륵~끼륵~" 울음 울며
평화로운 날개짓하는 그곳으로
힘차게 노를 젓자꾸나

우리 행복의 섬으로,

♡

우리 모두는 가족이라는 배를 타고 보다나은 내일을 위해 열심히 나아가고 있습니다. 물론 때에 따라 맡은 역할은 다르지만, 선장 기관장 선원 조타수 등으로,

손님처럼 보호를 받던 어린 시절도 이제는 지나가고, 어느 듯, 온 가족의 선장으로 세상의 파도를 이겨내며 잘 나아가고 있습니다. 이렇게 우리 인생도 성장합니다.

우리도 인류도, 멈춰진 듯 돌아가는 듯 뒤로 가는 듯해도, 지나고 보면 항상 앞으로 나아가고 있습니다. 역경은 더욱 튼튼한 우리 삶의 배를 만들어 줄뿐 이더이다.

세상이라는 바다는 여전히 거칠고 힘들지만, 인류 기술의 끝이 내가 서 있는 곳이 자연은 아닐까요? 우리들 개인의 행복의 섬은, 우리 편안한 가정을 만드는 것,

고니를 아껴주시는, 내 고운 친구님들이, 노력해서 행복의 섬을 찾고, 지키고, 가꾸어서, 향긋한 향기가 섬에서 그윽하게 유지되는 시간들이 곁에 머물기를 바랍니다.

김윤곤

나그네

나그네의 길이 끝이 없다
다른 시선은 존재하나
가는 길은 언제나 곧다
뾰족한 돌멩이는 걸음을 재촉하고
곧은 풀은 하늘을 바라는 기다림이니...

하늘과 땅 사이에 가득 고인
옷을 벗고 살갗사이 비벼대는
이다지도 감미로운 봄젖살 내음새
생각도 발그레하니 붉어지고
상상도 나폴나폴 춤을 추며
무한대의 꿈을 그림으로 그리나
노을의 뜻은 변함이 없다

나그네는 길이 없다
나감의 끝이 나아감이니
끝이 없는 살아감의 여로엔
하얀 구름만 동행하누나.

♡

우리 모두는 세대를 살아가는 나그네 입니다. 백년도 못사는, 한 세대를 아옹다옹 열심히 살아가고, 다음 세대에게 우리 삶의 모습을 유산으로 곱게 물려줍니다.

세월도 먼 길을 여행하는 나그네 입니다. 우리처럼 세대를 살다가는 사람은 짧은 인연의 친구이고, 오랜 여행의 동반자는 곱디고운 노을과 구름과 하늘의 별들.

여행을 좋아하는 고니이지만, 시를 쓰는 고니이지만, 세상의 가장의 책임감의 무거움에 다 미뤄져 있습니다.
오늘도, 이렇게 일속에서 글로 무한대 꿈을 그립니다.

인생은 모두의 축복 속에 세상과 만나고, 기를 쓰며 아옹다옹 살아가다, 몇몇의 애도 속에 생을 마감하는 인생은 인간의 시간에게만 조금 긴~긴 나그네길 입니다.

지금도 여전히 가장으로서 생활전선의 최전방에서 역할을 다하며, 일속에서 무한대의 꿈을 그립니다. 다가오고 지나가는 계절들에 마음만을 홀씨 되어 여행 보내며,

김윤곤

하늘 비

그리운 마음이야
보고픈 마음이야
어이 다 말할 수 있으랴 만은
한 달이 지난다 하기에
이 계절이 지난다 하기에
당신을 향한 내 가슴을
차곡차곡 모아 둡니다

애끓는 마음이야
터지는 사랑이야
어이 다 이를 수 있으랴 만은
산이 메아리 쳐진다 하기에
하늘이 가까이 온다하기에
당신이 나리 우는 빗길에
살그머니 적셔 봅니다.

♡

어느 날, 내 시집을 보던 어머니께서 갑자기 울컥,
눈에는 눈물이 그렁그렁하고, 목을 메여 하십니다.
"아범아! 나는 이 시를 보마 너거 아버지 생각난데이"

"아범아♡우리가 크게 잘된 것은 없지만, 그래도 큰 걱정은 없는 것이, 너거 아버지가 하늘에서 비를 알맞게 적당히 내려주시나 보다! 아범 니도, 그래 생각하재"

어머니의 하늘은 당연히 아버지 한분이시겠지만, 우리의 몸과 마음의 안식의 주인은 따로 가지고 있겠지요.

하늘은 하나님이자 하느님이고, 전지전능 하시고
지극한 공경의 대상이자, 우리를 사랑하는 친구입니다
시인은 아름다움을 전하는 하늘 감성 전령입니다.

우리들은 지금까지 살아옴도 지금을 이렇게 살고 있음도 앞으로를 살아감도, 하늘에서 내려주시는 아름다운 축복의 비를 머금으며 조금씩 성장하고 있습니다.

김윤곤

가슴앓이

살며시 젖어있는 너의 잔에 가만히 나를
담겨 본다.
조그마한 것이, 그다지도 깊숙할 수 있는지
우습다.

가까이 할 수 없기에 쓴 웃음은 한숨
내 해머로는 깨뜨려지지 않는 투명한 장벽너머
꽃같이 귀하신 나의 님아

한걸음이라도 가까이 하고픈 내 눈을 본다면
두 손을 잡아주지 않으렴
날아버리고 싶은 양쪽은
초로 만든 날개일 뿐인데
차라리, 타버린 재가 되어
한 조각만이라도 옷자락에 붙어버릴까

네가 볼 수 있는 것은 순간의 나일뿐
없어져간 영혼에 껍데기만 존재하는 나는
웃고 있겠지

원하는 것은 한모금의 조그마한 마음
무지한 자신은,
서서히 스러진다.

한 송이의 장미가, 안개 속에서 곱게 붉어지면
눈이 커진다.
바보 같은 웃음이 일 때, 차가운 마음의 초가
농이 진다.

김윤곤

♡

'살며시 젖어있는 너의 잔'은 후광. 사람을 사랑하면 성인들의 등 뒤로 뿜어져 나오는 후광을 보게 됩니다. 보았는데, 세상의 벽에 가로막혀 고뇌하는 한 남자.

마지막은 안개꽃에 둘러싸인 붉은 장미 한 송이로 사랑을 고백하고, 바보 같은 열렬한 사랑으로 마음을 허락받는 내용입니다. 그 마무리는 해피엔딩으로 마감을

사람에게든, 세상에게든, 꿈꾸는 나의 이상향에게든, 가슴으로 앓는 아픔은 크기를 이루 말할 수가 없습니다. 인생 공부는 아픔을 수업료로 지불하는 공부입니다.

생살이 찢어지는 산고의 아픔으로 예쁜 아기와 어머니를 알게 되고, 불행의 아픔으로 행복을 알고, 자식의 아픔을 보니, 내 부모님의 마음 이제는 알게 됐습니다.

우리의 이상한 세상은 네가 힘듭 만큼 아파하는 만큼 괴로운 만큼 상처를 차료하고 나면 웃기게도 나도 모르게 성장하고 편안한 가정이 이루어진답니다.

가슴으로 많이 앓아본 사람이, 더 열심히 노력해서 얻어지는, 지금 내 주변에 존재하는 소소함마저도, 얼마나 소중한 행복속의 무지개인지 알게 되더이다.

고니의 매미

더위가 몰아치던 오늘
뙤약볕 내리우던 여름

칠년을 잠을 자다
오일을 깨어있는
매미는,
남은 날이 짧다고
뱃통이 찢어져라
나무를 부여잡고
하늘 향해 울음 울고,

이십여 년을 잠을 자다
지금을 깨어있는
고니는,
남은 날이 얼마냐고
가슴이 터진단다
심장을 부여잡고
나를 향해 울음 묻다...

하루만,
꼭, 하루만 바꿔서 살아보자
가슴 터짐을 보여줄게.

김윤곤

내가 죽어도

위태위태한
하루들을 붙들고
그대와의
내일을 향한
좋은 행운에
잔을 기울인다

얼마나 간절하게
바라는 것 이련만
그저, 침묵의
기다림만 안기우고

내가 죽으면
벌거지에 삭아
육체가 썩어서
문드러진다 할 손

한줌 남는
스러지는 영혼은
그대의 행복을 위해
두 손 모아 기도하려오.

♡

결혼할 때에 그 이전에 알던 모든 여자들의 기억과 추억과 전화번호를 기억 속에서 지웠습니다. 지금은 훨씬 더 많은 친구님들 그대들, 내 고운님들이 존재하지요.

방황하던 젊은 시절, 위태위태한 시절에 나를 위해 가슴으로 울어주던 여인이 있었습니다. 몸과 마음과 정성으로 아낌없이 자신을 그때의 제게 베풀어 주었습니다.

지금은 보아도 특별하게 신경 쓰고 잘 해줄 수도 없지만, 그래도 살아있는 동안에 한번은 꼭 보고 싶습니다. 이제는 번호도 기억도 저편으로 추억되어 사라졌지만,

어디에서도 착한 심성만큼, 착한 남편만나, 그녀가 원하는 만큼 바라는 만큼, 잘 살기를 기도합니다. 내가 너무 힘들어서 조금 더 잘해주지 못함이 미안합니다.

조금씩 깊어가는 가을 속 입니다. 살갗에 일어나는 불어오는 바람의 살가운 감촉이, 사색 속에서 과거도 하나씩 깨워가나 봅니다. 고운 추억 속에 잠겨보시기를.

김윤곤

오늘은

아슬히 달린 조롱

곡차를 가득 담아
노을처럼 취해보리라

여명이 따리어지면
샘속의 그 붉은 모습에
유리 같은 아름다움을 찾으리라

밀려가는 태양
집어 삼키면

오늘은,
오늘은 아슬하지 않겠지.

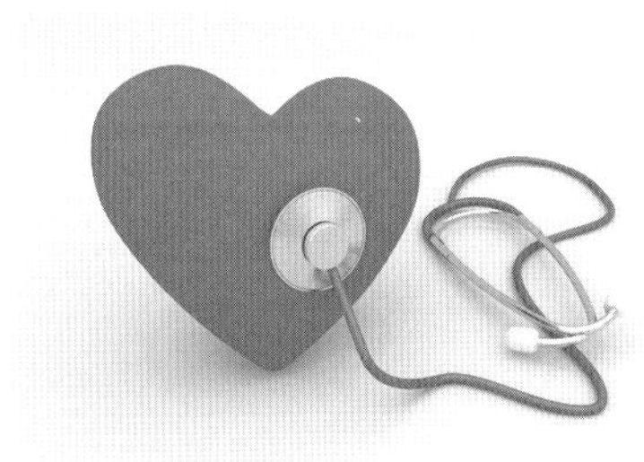

♡

10미터의 폭포에서 뛰어내린 적이 있습니다. 삶의 무게가 너무 무거워 살아야할 운명인가를 실험했던 젊은 날의 그 힘들었던 초상, 그리곤 엉금엉금 기어 나왔지요.

무릎이 움푹 들어가고 피가 흘러나고...아슬 했던 나와 아슬히 달려있는 조롱박과 곱게 물든 노을, 한잔을 마시며 내 인생의 잔에도 여명이 곱게 따리어 지기를,

아슬한 시절이 있습니다. 칠흑 속에서는 답이 없고, 여명이 오기전의 밤은 더욱 깜깜하며, 희뿌연 여명은 위치를 모르고, 태양이 뜰 때 여명임을 알게 됩니다.

유리는 깨어지는 아름다움입니다. 좀 조심스러이 잘 가꾸고 제대로 보살피고 어루만져 주지 않으면 깨어져 버리는 우리의 소중하고 보배로운 편안한 가정 같은,

태양이 떠오르는 내일의 아침에는 고운님들의 가정에도 여명이 곱게 따리어지고, 편안한 가정 속으로 따듯한 햇살도 마음의 무지개 따라 곱게 머물기를 바랍니다.

김윤곤

피안의 새

우리들 사람살이
윤회의 수레바퀴

시작이 없는 만남

불어오는 바람결처럼
아무렇지 않은 어울림

스쳐가는 속삭임처럼
무의식의 쉬운 이별들

약속하고 약속함이
사람들의 세상살이라

피안의 새는
눈앞에 서성거리고
아른거리며 보일뿐

만지려고 다가가고
두 팔 벌려 잡으려면

오색찬란한 무지개 빛의
황홀한 고운 날개를
퍼득인다.

♡

우리가 원하는 피안의 새는, 다가가면 멀어지고, 뛰어가면 날아가고, 손을 내밀면 멀리로 날개짓을 합니다. 우리가 쫓아가서 잡을 수 있는 것이 절대로 아닌 듯합니다.

우리 주위의 화려하고 아름답게 보이는 성공들도, 잡으려 이리저리 쫓아다녀 보았지만, 결국은 죄다 헛손질만 하게 되지요. 피안은 항상 내 주위 속에 존재합니다.

세상을 좀 살아 보았더니, 행복은 무지개 이더이다. 웃기게도 보는 사람에게만 보여 지는 희한한 무지개, 소소하지만 소중한 우리의 편안한 가정에 있는 듯요.

피안의 새는, 내가 나에게 주어진 일들을 묵묵히 행동하고, 내가 가진 최선의 노력을 다할 때에, 나를 보아주고, 나에게 천천히 스스로 조금씩 다가온답니다.

계절의 정령들이 번갈아 세상으로 내려와 머뭅니다. 내가가진 환경에 최선을 다하고, 아름답고 황홀한 피안의 새도, 우리들 곁에 곱게 머물기를 바랍니다.

김윤곤

봄이 익는 5월의 기도

올해가 시작한 것이 엊그제인데
어느덧,
하늘거리며 흐드러지며 날리우던 벚꽃도
내년을 기약하며 스러져가고
탐스러운 봉오리를 곱게 열던 하얀 목련도
계절 속으로 스며들듯 흘러갑니다

이제는,
철쭉이 붉그스러함의 자태를 뽐내고
개나리는 샛노란 물감의 노랑 빛으로
눈앞을 환상인 듯이 어지럽히며
꽃중의 여왕인 정열의 장미가
화사하게 세상에 빛을 뿜어대는
5월이 시작합니다.

하늘에 계신 우리 아버지

당신이 세상에 뿌려주는 축복의 비를 머금으며
만물이 아름답게 성장하는 5월을 시작합니다
엉기적 엉기적, 느릿느릿, 꾸역꾸역, 가는 듯 마는 듯
이렇게 천천히 지나가는 시간이지만
겨울의 한복판에서 눈과 함께 시작한 올해가
멈춘 듯이 똑같은 듯이 다르게 지나간 시간이
어느덧, 삼분의 일이 지났음에도

생각하고 돌아보면 순간입니다

사람의 행복의 근본인 가정의 달입니다
우리가 보고 듣고 느끼고 알아가는 하나하나가
행복이라는 무지개가 가정에 있음을 알게 해주고
주어져있는 소소한 하나하나가 얼마나 귀중한지를...

가슴의 잔잔한 울림에서, 태풍처럼 지나가고
태풍이 지나가면, 새로운 세계가 자리 잡듯
새로운 봄의 물결이 움터며 자리 잡는
저와 고운님들이 성숙해가는
5월이기를 바랍니다.

* 하늘에 계신 우리 아버지는
성경의 '주기도문'에서 인용했습니다.

김윤곤

보름달☆꿈꾸는 별

한아름의 고뇌를 머리를 이고
우리들은 존재함을 믿고저한다

창문을 두드리는 바람에
타들어가 떨어지는 잿더미에
고추나무에 열리워진 빠알감속에
우리들은 존재함을 의식한다

까만 하늘엔 박같이 고운 달
사랑하는 내 가족이 모여 있고
붉디붉은 홍매화가 피어 있고
붉음아래 방아 찌는 토끼가 있고
희로애락이 추억따라 흘러가고
아득해져 버린 고향이 있다

한 아름이나 되는 별들을 헤이면서
우리들은 존재함을 믿는다...

별들이 밤바다의 고요 속을 흐르고
보름달이 꿈에 귀 기울이는 시간

현실의 아픔에도 희망을 바라보고
별빛 따라 꿈을 찾아 걷는 우리들

세상이 꿈을 꾸고
꿈이 꿈을 꾼다.

선물

"여보, 천만원만 줘봐요"

비자금으로 주식투자를 합니다
일봉, 주봉, 일년봉, 그리고,
오일선, 이십일선, 육십일선
골든크로스, 데드크로스, 등등...

재미삼아 하는 취미에, 눈에 보이는 게 있기에
두 달 전에 아내에게 천만원을 달라했지요

엊그제,
아내에게 천만 원을 계좌로 부쳐주고
아내에게 두달 동안 그 돈으로 번
이백만 원을 현금으로 줬습니다

"사랑하는 여보야!
여기 이 돈은, 당신에게 주는
능력 없어 고생시킨 남편의
몇일후의 당신 생일선물이니
집안 살림에 보태지 말고
당신이 원하는 대로 쓰세요"

아내의 눈 속에 은하수처럼
별들이 무리지어 쏟아지고
얼굴에 꽃이 만발합니다.

※ 딱 한번 사고, 딱 한번 팔았습니다.

김윤곤

친구

언제부터 인가
기억되진 것이
어떤 모습인가
기억된 그 모습은
다시는 돌아오지 않는다
친구
마음은 하나가 아닌
둘로된 친구
반쪽의 하나가 아니라
완전한 하나의 둘

합쳐지기에는 어울리지 않으며
멀어지려하면 아쉬우며
잊으려하면
뇌리에 더 깊숙이 스며들며
간직하려하면 멀어지기만 하는...
보낸 것이 없기에 받을 것도...
받은 것 또한 묘해서
모으기도 뭐한 친구

눈빛이 야릇해서
보는 것만으로 정을 가지게 하고
돌아서면 잊혀져 버릴 듯한
초롱같은 눈동자
감정을 가지되 나타낼 수 없고
보낼 수 없음에 안타까웁고
그래서 너무도 안타까울 때면
우습다는 듯
나의 뒤에서 포근함을...

오호라
보배로운 것은
취할 수 없으며
잊혀지지도 않으며
늘 곁에 있으면서도
알 수는 없는 것인가 보다.

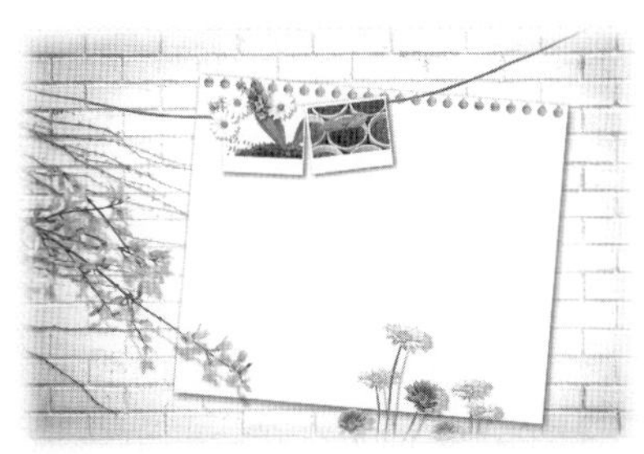

김윤곤

하늘님아

하늘님아
어이 그들을 내리었소
혀가 꼬부라지고
몸뚱아리가 이리저리로
엉키고 뒤틀려 비뚤어진
그 순진한 사람 덩어리를...

하늘님아
어이 그 곳을 만들었소
보이지 않는 무엇으로
꽁꽁 묶어버린 동아줄
"저~기" "어~어" 하는
환청만이 있는 곳을 말이요

하늘님아
어이 그들을 내리었소
당신을 찬양함이
백번을 외쳐져도
천 번을 부르짖어도
환자가 아닐
그들을 말이요

♡

지인의 손에~ 끌려서~ 봉사를 한 적이 있습니다. 웃으며, 정신지체박약아들의 똥오줌 묻은 옷과 몸 이불들을 빨고 씻겨주고 김치도 담고, 찬양도 하고 기도도 하고

보기에는 허우대가 멀쩡해 보이는 저는, 웃기게도 아이러니하게도 비위가 약해서 허드레 일이나 하고, 무거운 짐이나 나르고, 정말 가슴 벅차게 감동만 했습니다.

세상은 각박하고 거칠지만, 참된 종교인들이 세상의 방안에 따듯하게 군불을 때고 있습니다. 더 이상 나빠지지 않고 사람이 살아가는 사회를 유지하게 만듭니다.

참된 종교인들을 정말 존경합니다. 우리들의 세상을 따듯하게 유지하고 지탱하게 하시는 그분들을 글로 작은 그림을 그립니다. 우리 세상의 소금인 아름다운 빛을,

천주교는 중후함의 경건함이, 기독교는 발랄함의 활기참이, 불교는 고요함의 편안함이 머뭅니다. 모든 종교는 조금만 넓게 보면 하늘의 지고지순한 뜻을 따릅니다.

김윤곤

옛사랑

작은 사람
나의 어린 아가씨

비추어주는 어둠
조금씩 긁고 있다

벗겨나는 거죽
인상은 깊어
아직, 몇 거 풀이나 남았다

지냈던 아스라한 시절
같은 날을 지나지 않고는...
밀어, 오솔길, 고픔이
눈빛만으로도...

거룩하기는
펑퍼짐한 대지보다 더했는데
하지만, 가꿔진 것이 줄어든다
무성한 잡초 황폐한 흙길
(어찌될까?)

보송한 솜방망이 얼굴
보조개지며 웃던 눈빛
여리게 다문 입술
희미한 어둠에
영화의 over rep 이 겹치듯
아리기만하다

똑같은 날을 지낸다 손
더 지워지지는 않을 지나
다시, 돌아오지도 않겠지

이제는,
그냥 그대로일 뿐...

김윤곤

♡

한 해의 시간들이 흘러가고, 시간 속 계절은 스치듯 다가오고 흐릅니다. 기분 좋게 맥주나 한잔 하시며 아련한 옛사랑의 추억을 한번 떠올려 보시기를 바랍니다.

옛사랑, 가슴에 잊혀지지 않는 사람이 한명 있습니다. 추억의 하늘을 가득하게 메우며 환영처럼 다가오는, 동화처럼 순수하게 밀려오는 가슴 잔잔한 작은 사랑.

이기적이며 철저하게 계산적인 남여의 사이가 아닌, 메마른 세상 속을 살아가는 지금이지만, 그 때의 순수했던 추억들이 가슴 한쪽을 따듯하게 지켜주고 있습니다.

그런 아련한 추억이 없는 분은, 고니를 생각하시기 바랍니다. 그냥 제가 옛사랑의 상대가 되어 드릴게요. 시인인 친구가 있으면 좋은 것도 조금 많이 있답니다.

시인인 친구가 곁에 있으면 그대가 주인공 입니다.
그 보송한 솜방망이 얼굴의...

아침에 떠있는 달

김윤곤

아침이 환하게 밝아 왔는데
달은 아직도 흐리게
아침 하늘에 머무르는

조금 더 마음의 안식과
하루의 희망을 주고자
아침을 열어가는 우리를 위해

일속에서
꿈을 꿉니다

육체와 정신을
한 점 남김없이
모두 소진하고
죽음 앞에서도
후회하지 않고

편안한 안락의
편안한 잠속에서
레테의 강을
미소를 지으며
유유히 건너가는
나를 봅니다.

정 고픔

그리웠던 사투리가
일체감을 얻지 못한다

문디 자석아의 고향이
지금은 사라져
조그만 가슴 속에
새처럼 떨고 있었다

가느다란 가지위의
작은 새는 모른다
그리움으로 남는 그 정감을...

그리곤,
가야할 길을 잃고
고픔만을 우짖는다.

나무는 길을 가렸고
향수는 고픔을 재촉하니
살~랑 살~랑 불어오는
산들 바람에도
가지가 흔들리워
잎들이 살~랑 살~랑
날리 운다.

♡

고향을 떠나온 지 사십년. 살다보니 지금은 사는 데가 고향이고, 옆에 이웃이 친척입니다. 아버지께서 외동이라 친척도 없고, 우리 사남매가 가족이고 친척입니다.

그렇게 살다보니, 나의 고운님들과의 사람살이의 정에는 언제나 목이 마르고 배가 고픕니다. 그나마 다행인 것은 제가 인복이 많아 주위에 친척이 많습니다.

요즘은 일인 사회, 핵가족 사회가 되다보니, 거의가 작고 가느다란 가지위의 여윈 작은 새가 되어 가는 듯, 그래도, 친척 없는 제게는 친구님들이 축복입니다.

마음이 착하고 여리고 고우신 고니의 많은 친구님들. 일반 친척보다 훨씬 더 나은 이웃들의 고니를 아껴줌. 동네 아저씨인 저와 시인 고니의 친척들인 친구님들,

그분들의 아껴줌에 보답하고자, 이 책을 출간하고, 판매대금 전액은 우리 소녀, 소년 가장 돕기에 기부합니다. 세상의 친척들에게 진정으로 깊은 감사를 드립니다.

김윤곤

두 번째 탄생

끓는다
하늘이 끓고 있다
심장이 고동친다
부수고 싶은 욕망이 날아오른다

붉은 노을 속에, 붉은 구름 되어 떠도는 영혼이
나를 부른다

아, 아~ 무엇을 찾고 있더냐
목마름으로 애타게 갈구한 것이 무엇이더냐
애타는 붉음 속에
나는 내가 아니고, 너는 네가 아닌데
모든 것이 깨뜨려지면
소멸하는 자신의 침묵을 갖고싶다

타고 있다
심장이 터져버릴 듯하다
폭발하는 태양은 육신이고 피안은 아득하구나

아, 아~ 부른다. 나를
꺼져드는 영혼들이 자신 잃은 나를 부른다

허무로 점철된 사람들은 공허하고
진실 없는 진리는 앎이 없구나
나비는 훨~훨 날아버리고
굴뚝에 솟는 연기는, 어둠을 쫓는 나그네인가
보이느니 허상이요
진실은 깊은 곳에 있는데
무엇이 옳음이요, 어떤 것이 자신인가

어두움 속에 불기둥이 치솟는다

끓는구나
또, 하나의 진실을 찾아 불타오름은
나의, 미련인가.

김윤곤

♡

새는 알을 깨고 나온다. 알은 세계다. 태어나려는 자는, 한 세계를 파괴해야만 한다. 데미안에 나오는 제가 좋아하는 좋은 글귀입니다. 새는 알과는 천지차이 입니다.

사람은 한번 태어나지 않습니다. 세상을 살다보면, 삶이 너무 힘들어서, 혹은 더 좋은 나를 만들기 위해, 다시 태어나야할 때가 있습니다. 그것이 두 번째의 탄생.

삶이 너무 힘든 분은, 잘못된 이전의 나를 죽이고, 완전히 새로운 나로, 다시 태어나야 하고, 좋은 분은 더 좋은 나로 가다듬어 태어나는 그런 날이기를 바랍니다.

우리 세계의 가장 위대한 성인 중 한분인 예수님의 재림이 있는 부활절입니다. 그런 성인을 기리며, 다시 태어나는 나와 고운님들도 글로써 곱게 그려봅니다.

예수님이 부활을 하지 않았으면 어떻게 되었을까요. 두 번째의 탄생을 하셨기에 인류 역사상 가장 위대한 성인이 되지 않았을까를, 혼자 감히 상상해 봅니다.

천왕봉

넓적한 바위에 등을 기대
산의 능선을 따라간다.

풍만한 여인의 둔부처럼
포만감을 주는 등성이

포송한 젖가슴처럼
젖내음을 잔뜩 내뿜는
봉긋한 고운 봉우리

발그레한 홍조를 가득 담고
나를 유혹하러 다가오는
연주홍 빛의 길 잃은 해가

살며시 뜬, 나의 눈을
다시 감게 한다.

김윤곤

뱀사골

하늘의 드높은 양광
숲속의 푸르른 이파리
눈부셔라 맞닿는다

계곡의 듬직한 바위
졸졸졸 흐르는 물줄기
분수를 만드인다.

위태위태한 어린 나무
돌 사이사이마다 끼여
푸름을 꿈꾸는 곳곳마다

그늘짐에 추욱 늘어진
벌레 먹은 썩은 잎들만
장중함을 돋군다.

눈부신 따듯한 양지
조용히 엄숙한 음지
어디서도 존재하나

지리산 중턱 골짜기
푸른 뱀이 여행하는
뱀사골의 계곡에는
포근함만 내뿜는다.

♡

지리산 가히 우리나라의 어머니의 산이라 말할만합니다. 넓음과 깊음과 포근함이란, 보는 가슴속에 남아지는 일절입니다. 그 지리산의 천왕봉 노고단, 뱀사골.

뱀사골 뱀이 길을 가는 모양의 계곡이라 명명된 곳입니다. 아기자기한 지리산중턱의 골짜기를 정겹게 그려 봤습니다. 오밀 조밀한 골짜기 속 삶의 좋은 향기를.

헥헥대며 숨을 참고 끌어안고 천왕봉의 꼭대기로 향합니다. 정상에서 숨을 고르고 비스듬한 바위에서 누워서 세상을 내려다봅니다. 내려다보는 그 세상입니다.

여행길의 여행 속에서의 꿈을 다시 그리고 싶은데, 그 날이 언제 올지는 모르겠네요. 그냥 언젠가 열심히 살다 보면, 묵묵하면 이루어지겠지요. 그 날을 찜.

뱀사골에 울려주던 삶의 장중함과 천왕봉에서의 느껴보던 유혹을 눈을 감고 가만히 그려봅니다.

김윤곤

신호등

이놈의 계절이 미쳤나
삼한사온도 정도가 있지

아직 겨울인가
따듯한 햇살을 마구쏴대고
멋모르고 나온 새싹들과
꽃들은 봉오리를 활짝 열고
소슬히 내리는 따듯한 비에
향긋한 봄 내음을 맡게 하더니

봄 이런가
바람은 칼바람의 칼춤을 추며
온몸을 동토의 땅으로 몰아가고
이제껏 조용하던 겨울의 꽃
함박눈을 뒤늦게 뿜어대니
미리 나온 봄들은 몸을 떨고
애처롭게 하늘만 바라본다.

에고야
우리네 팍팍한 힘든 인생
계절이라도 좀 도와주지
고장 난 계절의 신호등은
황색의 점멸등만 깜빡이누나.

♡

순서도 있고, 예고도 있고, 올 듯 말듯하면서 반드시 오고가는 사계절의 숨바꼭질과 순서도 없고, 예고도 없고, 느닷없이 오고 지나가는 희로애락의 술래잡기.

숨바꼭질과 술래잡기 속에, 우리에게만 조금 긴 인생의 여정은 이어집니다. 그 신호등은 항상 하나만 있지가 않습니다. 언제나 원하는 대로만 켜지지는 않습니다.

힘든 고운님들도 많은데, 이놈의 계절마저 도와주지 않습니다. 따듯한 봄이 와서 마음 위안이나 빨리 주지. 그래도, 계절은 지나갑니다. 조금만 꾸욱 참으면,

문제인 희로애락의 신호등, 좋은 일을 겹쳐서 겹쳐서 주워대니 좋은 줄도 모르고, 좋지 않은 일들도 겹쳐서 겹쳐서 주워대서, 이건 아예 죽으라 죽으라 괴롭힙니다.

인생에는 희로애락 신호등이 제일 중요한 듯합니다. 참기도 견디기도 많이 힘들지만, 망가진 계절신호등, 희로애락의 신호등은 꼬옥 좋은 색으로 잡으세요.

김윤곤

두 번째 본 경아

꿈에, 경아를 만났습니다

이십년을 심장구석으로 밀어놓은
잠자던 감성을 다시 일깨워준
하늘이 나를 괴롭히려 보낸 꽃
당신의 전령으로 만들기 위해

야트막한 따듯한 언덕에
아담한 정겨운 오두막집에
포근한 담요가 숨죽이고 있는
경아의 구름 같은 무릎베개를
눈을 감고 가만히 베고 있는
한손은 허벅지에 올려놓고서

경아는, 유난히 뽀오얀 피부에
보송한 솜방망이 솜털 얼굴에
웃음질 때 살짝 들어가는 보조개로
한손은 머리를 어루만지며 쓰다듬고
한손은 허벅지 손위에 살며시 포갭니다

온몸을, 콕콕 쑤셔대며 관통하는
그윽하며 잔잔하게 몸을 떠는 전류
감전되어, 나른해진, 축 늘어진 몸뚱이는
그대로 꿈속으로 추욱 늘어집니다

경아
유난히 흐릿하게 뽀오얀 하늘을
꿈속에서의 정우림의 달콤하던
무릎베개 해주던, 영화 속 장면 장면들과
눈송이 떨어지듯, 뽀오얀 너의 얼굴이
하늘을 가득하게 메우면서도
겹겹이 겹쳐져 보이는구나.

김윤곤

♡

어느 날, 그렇게 그리워하던 경아를 꿈속에서 다시금 만났습니다. 여전히 곱고 차분하고 상냥한 말씨와 매무새에 가슴은 쿵쾅이며 머리에는 환상이 피어납니다.

이러면 안 되는 것 아닌가요. 고니는 집사람 한명도 비위 맞추고 잘 보이기 힘들어 죽겠는데, 하늘님은 여전히 고니가 필요 한가 봅니다. 그 분의 감성의 전령이,

그래도, 정말 보고 싶었던 경아라는 여인을 만나기는 하네요. 온몸의 솜털이 올올이 깃을 세우고, 눈 속에는 진한 감미로움도 흐릅니다. 꿈속의 유희는 괜찮겠지요.

하늘이 나를 바람피게 만듭니다. 전류들에 감전이 되어서인지, 집사람에게 미안해서인지, 꼭 사년 만에 꿈에서 본, 오늘도, 옷 벗고 하는 즐거운 레슬링은 못합니다.

고운님들이 하늘에 좀 따져주세요. 선량한 시민을 꼬시레이션해서 자기의 전령으로 만들면 안 되지요. 꿈도 이상하고 희한하게 꾸게 만들어요. 참 나원,

10층의 아침

구름이 하늘을 넓음을 가득하게 메우고도 모자라
보여지는 산들을 엷은 안개로 투명한 막을 만들고
나무에도 풀에도 은은한 엷은 촉촉함을 안기우는
포근한 구름 속을 산책하듯 거니는 휴일.

간선도로에는 아침을 먼저 시작하는 차들이 오가고
중랑천의 물은 구름의 은은함의 은빛을 반사하며
잔잔한 물결을 만들며, 나의 갈 길을 유유히 흐르는

조용히 무엇인가를 생각하며 걷는 이가 보이고
아주 열심히 몸을 만들려고 뜀박질을 하는 이도
유람하듯 여유롭게 자전거로 하는 호화유람도
운동기구에 개구리처럼 매달려 몸을 단련하는 이도

나뭇가지의 꼭대기 새집에는 깍깍 울어대는 새끼 새
번갈아가며 부지런히 모이를 갖다 바치는 우리들인
엄마 새와 아빠 새가 분주하게 모이물고 날아다니고

구름이 세상 속에까지 내려와 촉촉함을 더하는 오늘
구름 속을 멋들어진 포즈로 날개짓하는 새 한 마리
저 높은 곳의 세상은 더 넓고 아름답고 포근하리라.

※ 상계동 동부간선도로 바로 옆, 아파트 10층에 살고 있습니다.
10층에서 보는 구름 속 아침 정경을 이렇게 그림을 그립니다.

김윤곤

중요한 것

둔뎅아
펑퍼짐한 엉덩이가 찰떡같은 곰순아
머리칼 사이론 화장독 마빡
생쥐처럼 깜찍한 눈과 동자
입 맞추고픈 입술에도 김치는 썩어나고
삼단 같은 머리터럭에도 세상의 때는
장롱 위 먼지처럼 가라앉아 있구나

보는 것과 듣는 것이 삭은 것인지라
나오는 것은 어리디 어린 말과 몸짓
만지는 손가락마디 마다엔
혼자만의 귀한 똥의 덩어리
손톱사이론 그것이 끼어
하루 이틀로는 없어지지 않음이니...

부드럽게 휘어진 어깨, 목의 선도
태초의 어머니 가슴에 버거워
벌게지는 욕망만을 받는 구나
유치하고 순박함의 아름다움은
방가수에나 고이 담겼음인가

중요한 것은 화장독의 살갗이 아니다
그것은, 불과 5센티의 살의 배열일 뿐
중요한 것은 치장된 옷이 아니다
중요함은 항상 깊이 있음이다
건강한 몸뚱아리요

펄떡이는 심장이다
받아들일 줄 아는
욕심 없이 초월이 가능한
넓고 높은 하늘같음이다

둔뎅아!
하루를 일 년처럼 보내는
오늘이 지나간다.

김윤곤

♡

알을 깨고 독수리가 창공으로 멋진 날개짓을 하고, 진흑탕에서 연꽃은 곱게도 피어나며, 그 곱고 예쁜 진주는 거무튀튀한 볼품없는 조개가 아름답게 품습니다.

모든 것의 중요한 것들은 보이지 않는 곳에 가만히 숨겨져 있습니다. 우리가 외모 치장 학벌 직업의 겉모습의 화려함에 사람마저 평가하고 있는 것은 아닌지,

사람에게 중요한 것도 사람속의 내면이 중요하지, 내 작은 잣대로, 사람을 미리 판단하고 평가하고, 거리를 두고 평가하는 것은 아주 잘못된 것이라 생각합니다.

남에게 사기당하지 않을 만큼 지각 있고, 남을 속이지 않을 만큼 정당하게 노력하며, 넓은 마음으로 열심히 서로 교류하는 저와 고운 친구님들이기를 바랍니다.

삶에서 정말 중요한 것도 잘 가꾸고 지켜나가는...

갈매기의 꿈

마음의 비움과 채움없이
높이만 날으려는 갈매기
그네의 달은 보일 뿐
한번의 날개짓에
점 점 더 가물해진다

사하라의 모래로 만들어진
신기루의 화려한 꿈의 궁전은
세상의 땅거미가 내려오면
어둠에 서서히 잠겨진다

허전함에 고개 들어 만든 울음
빈 허공만 가르는 메아리는
아픔을 전해주지 못할지니

갈길 잃은 감정 없는 눈동자는
암흑의 무덤에 묻힌다

그리고,

절망만 간직한 돌이 된다.

김윤곤

아내의 생일 그대가

여전히 오늘도, 남편은 똑같이 일을 하고
일속에서 무엇을 해줄까를 꿈을 꿉니다
딸에게는 미역국을 끓이라하고
이런 저런 일들을 시킵니다.

여전히, 열시에 일을 마치고 퇴근해
생일 케익에 불을 밝히고
축가도 부르며 축하합니다.

아내가 가장 좋아하는 꽃
빵빵한 비자금의 금고를 열어
열 명의 신사임당에 둘러싸인
붉은 장미꽃, 딸랑 한송이

능력 없는 나랑 살아줘서
"고맙고, 사랑합니다"

진짜로 미안해서 한말인데
아내의 웃음 짓는 눈빛 속에
은하수가 피어납니다.

웃는 얼굴이 이 세상에서
제일 아름다운, 나의,
단 한사람

그대가

그대가,
나의
하느님 입니다

세상이 힘에 겨움에
흔들리고 아파하고 상처받고
치료하던, 힘든 방황을 멈추게

죽음이후, 나를 가슴에 품고
다음세대로 이어갈 연결고리인
소중한 두 아이를 가지게

이제는, 조금 많이 불어난
열세명의 포도송이 온 가족이
사년간의 꿈같은 꿈길을 산책하게

평생 동안의 꿈이었던
작지만 귀한 편안한 가정을 이루게
또 다른 꿈이었던
인생이 담긴, 시집도 출간하게

그리고, 제일 좋은 것은
다음생도 절대로 혼자가 아니게
굳은 언약을, 웃으며 해주시는

그대가,
나의
종교이랍니다.

김윤곤

태양을 품는 바다

지는 놀
피빛 하늘
불덩어리

파동의 퍼짐처럼
울림으로 멀리
태워지는 공간,

존재하는 작은
우리들의 짧은
사람들의 시간,

두 주먹 불끈 쥐고
세상 나온 그 손을
결국에는
곱게 펴는
마지막을 알지만,

황홀할 그 날을 위해
영원을 불태운다.

*작가의 의도대로 편집됨

♡

태양은 뜰 때보다 질 때가 훨씬 더 아름답습니다. 바다에서 바라보는 노을은 가히 최고의 일절이라 할 수 있습니다. 서서히 밀려가는 아름다운 파동과 스러짐.

우리가 원해서 태어난 사람은 아무도 없습니다. 하지만, 생을 마감하는 마지막의 모습은 우리가 만듭니다. 황혼의 우리의 모습은 저 아름다운 고운 노을처럼 이기를,

노을은 우리에게 저렇게 황홀감을 주는데, 노을에 감동한 나는, 젊은 시절, 가장의 책임감의 무게로 산 시절, 이제는 세월이 몸에 묻는 것이 보이는 중년입니다.

가장 소중한 편안한 가정을 위해, 아직은 하고 싶은 일들은 다 미뤄져 있습니다. 언젠가는 그것들도 모두 즐길 수 있기를 바라며 지금 최선의 노력을 다합니다.

우리가 열심히 살아가야 함은, 삶에는 우리가 그린 우리의 노을 같을 마지막이 존재하고, 죽음 뒤에는 우리가 누군가의 가슴에 사는 별☆이별이기 때문입니다.

김윤곤

명상

길 없는 막막한 어두움 속에

하얀 웃음이 연꽃처럼

화사하게 피어나고

철썩이는 파도의 부딪침처럼

일렁이는 물결의 외침 속에

잔잔한 호수의 물과 같은

고목 같은 고요함이 자리하면

감미로운 은은한 차향은

내속에 공백을 남기고

고독은 스스로를 의식한다

허허로운 웃음으로서...

♡

이것은 고니의 명상입니다. 사람마다 생각과 명상은 많이 다르게 나타나지요. 가만히 나를 생각하며 돌아보면 보고 느껴지고 생각하고 알게 되는 것들이 많습니다.

거창하게 좌정하고 면벽하고 하는 것들만이 아닌, 가만히 나를 알아가고 내속의 나를 깨우고, 세상의 이치를 조금씩 알아가는 것이 명상이라 할 수 있습니다.

겨울 속에서 시작한 올해를, 겨울 속에서 마감하는 자리에서 조용히 올해를 생각해보고, 우리에게 늘어나는 나이테만큼, 책임감만큼의 무게를 가져야 하겠지요.

명상은 우리가 모두 속에 모두와 더불어 살아가며, 내 속의 나를 알게 하고, 내가 가야할 길과 우리들 모두가 가야할 길도 우리에게 가슴 깊이 제대로 알려줍니다.

무릇,
시인의 시는 명상과 같습니다.

김윤곤

만년거암

푸른 하늘과 부드럽게 휘어진 산이 맞닿는 곳
층 계진 층층 구름과 이름 모를 까만 새가
힘겹게 오르며 날갯짓하는 그곳

그곳의 바위가 되어서라

한 해를 골똘히 생각하고
한 계절을 철없다 비웃으며

인고의 몇 겁의 풍랑속의
세월을 겪고 닦음이

만년의 침묵을 누비어
주위를 재우노라

♡

오늘도, 우리는 이리저리 옹알옹알 아옹다옹하며 하루들을 보내고 있습니다. 세상을 조금 길게 보면 우리는 부지런히 조금씩 나날이 발전하는 중인데 말입니다.

억 만년의 세월을 지내온 거암의 산을 보면, 우리의 오늘과 내일을 생각하면, 너무 많이 아쉽습니다. 결과에만 너무 집착하는 듯요. 솜털 같은 너무 작은 가벼움.

세월의 굴곡을 겪어 와도 언제나, 우리나라는 우리는 앞으로 향해가고 있습니다. 우리가 우리 인생을 너무 짧게 봐서 그렇지 언제나 앞으로 나아가고 있습니다.

지금도 마찬가지 입니다. 뒤로 돌아가고 후퇴하는 듯 그렇게 보이지만, 조금 더 지난 훗날의 우리나라는 더욱더 자유로운 민주주의가 성숙해져 있을 겁니다.

우리나라는 전 세계에서 가장 문맹률 낮고 똑똑하며 근면 성실한 국민이 직접, 나라를 바꾸어 나가고 있는 세계에서 유일한 나라입니다. 우리나라 대한민국은.

김윤곤

추모비

휘청이는 하늘

폭발하는 태양

온실 밖의 민초

가슴이 허기지는 시절에

쓰라린 가슴 속을 채우는

우리의 위대한 수도자는

캄캄한 가슴속 하늘에서

별빛을 뿜으며

아주 조용히

빛을 발한다.

♡

지금에도 만년거암의 성인들이 세상에 머물다가 가십니다. 높은 곳에 계신분이 낮은 곳에 임하셔서 가난하고 힘없는 자들을 품고 보듬어 주신 두 분을 기립니다.

성철 종정 큰스님과 김수환 추기경님 사람의 피와 살을 몸에 안고 태어났지만, 만년거암의 커다란 무게로 우리 모두의 존경을 받으시며 생을 마감하신 성인들...

그분들이 남기신 것은 헌옷 몇 벌, 헌 책들과 낡은 가방, 그리고 세상에 남긴 묵묵한 언어와 행동들, 드린다고 받을지는 모르지만, 그분들의 추모비를 세웁니다.

삶이란 본디 온 곳으로 돌아가는 것이고, 참 종교인이시니 종교로 돌아 가셨겠지만, 많이 아쉬운 것은 세상의 어른이 아쉽고 인간의 작은 정인 인지상정인지라...

하루에 집착하는 우리들도, 특히나 입으로만 국민을 외치고 재물과 권력을 탐하는 정치인이 꼭 본받아야 할 그런 분이, 수도자의 삶을 사신 두 분이 아니신지.

김윤곤

마음의 상황들

1\. 들어오는 조그마함이
주려하니 너무 크다
작음이 오히려 크고
커다람이 보잘 것 없음은
무엇일까?

초롱속의 조그만 새가
갇혀서 얻는 모이에
들려주는 지저귐에
헤아림이 무에 필요한가
한순간의 느낌뿐이거늘...

2\. 도랑을 역류하는
소용돌이의 작음이 가소롭다

문틈을 비집는
한 줄기 양광이 뜨거웁다

공기를 발기는
어둠속의 작은 등이 따사롭다

하나하나의 비춰지는 의미는
마음의 상황 따라 조롱당한다
카멜레온처럼 엷은 우리는
사철나무의 늘 푸르름은...

♡

같은 물건이 나의 것은 좋고 크고 아름답고 귀하며, 남의 것은 작고 초라하게 봅니다. 물질의 본질은 그냥 물질로 존재할 뿐이지요, 살아가는데 필요한 것 들일 뿐,

가치는 항상 마음속에 있음인데, 우리는 부피의 크고 작음에 너무 연연하는 것은 아닌지를 생각해 봅니다. 작게 바라보면, 우리는 그저 초롱속의 작은 새 이지요.

상황도 그때마다의 기분에 따라 많이 달라집니다. 곁에 주어진 여건 따라 다르게 비춰지는 얇은 상황들. 우리는 매사를 분위기에 우습게 희롱당하고 조롱당합니다.

세상의 파도에 휩쓸리지 않게 중심을 잘 잡고, 조금 넓게 좀 더 멀리 보는 습관을 가지려고 노력중입니다. 주관 있는 휘둘리지 않는 무거움의 자신을 만들기 위해,

어느 정도 세상을 살다보니, 느껴지는 게 있습니다.
세상은 내가 보는 그만큼만 알게 됩니다.

김윤곤

구름 꽃

순백색 하얀 구름 꽃
공기의 물결 따라
훨~훨 날리우던
구름 꽃 속의 하루

잠시 멈추던 시간에는
은백의 빛이 시간 속에
눈이 부셔라 빛을 발하고

또다시 휘~날리우며
눈앞을 어지럽히며
시야를 흐리게 하는

구름 꽃들 사이사이엔
어린 내가, 찰칵 찰칵
젊은 나도, 찰칵 찰칵
영화처럼 지나가니

오호라!
시간을 뒤로 돌리고
공간을 뒤로 돌리는
마음의 숨은 통로가
꽃 사이 숨어있구나.

♡

구름 꽃. 하얀 눈들이 날리던 속에서 하루를 보내며, 어린 시절의 나로 돌아가서 오랫만에 편안한 힐링을 한 듯합니다. 눈 사이 보이던, 어린 내가 많이 좋습니다.

구름이 만들어내는 것들. 소슬 소슬히 내리는 소슬비. 목마름의 갈증을 해갈해주는 여름의 줄기찬 장대비. 안개 같은 희뿌연 안개비와 자욱한 아련한 물안개.

구름이 만드는 것들에는, 시간과 공간을 뒤로 돌리며, 가슴을 아련하고 촉촉하게 적셔주는 추억의 고운 통로, 몸과 마음의 통로도 곱게 열리게 만드는 듯합니다.

구름이 만들어내는 세상의 모든 것들 중 최고는 단연 훨~훨 날리우는 시공을 초월하게 만드는 함박눈이 아닐는지. 오늘은 그런 하루를 님들과 같이 합니다.

구름의 꽃속의 하루를...

김윤곤

구름이불

구름의 이불이
낮에는 하늘의 파람에
옅은 희뿌염을 안기더니

구름의 이불이
밤에는 하늘의 까맘에
짙은 희뿌염을 안기누나

구름의 이불이
별도 달도 잠재운 이 밤
누구랑 놀아 볼까나

내속의 별을 나오라할까
별속의 꽃을 나오라할까
마음의 의자를 나오라할까
모두 불러 구름을 덮고 잘까

구름의 이불이
세상을 포근하게 덮은 밤
가슴속은 덮을 수가 없구나

구름의 이불이
도저히 어찌할 수 없는
포근한 친구나 불러야겠다.

♡

구름이 까만 밤도 보름달도 별도 이불로 장막을 씌워, 죄다 가리운 밤입니다. 눈에 안 보인다고 보름달이 없는 것은 아니지요. 마음으로 보고 원하면, 보입니다.

마음속에 화원을 만들고 가꾸며 키워가고 있습니다. 처음에는 조그마한 화원이 이제는 넓이가 무한대를 향해 갑니다. 무엇도 담겨지는 가슴속의 시인의 넓은 화원.

꿈속과 현실의 경아도, 어린 왕자의 아지도 송송이도, 홍매화 자매도, 회장님도, 별 바라기, 물망초도 꽃님도 별과 달과 해도, 모든 인연들이 형상으로 머뭅니다.

감성은 모든 사물에 존재의 가치를 더하는 것 입니다. 존재에 의미를 조금씩 더하게 되면 중요하지 않는 것이 없지요. 주어진 소소함 하나가 커다란 보물이 됩니다.

그러다보면 나에게 주어진 것들이 얼마나 소중한지를 알게 됩니다. 특히, 곁에 있는 가족들을 가만 바라보면, 우리의 행복도 곁에 조용히 웃으며 머물고 있습니다.

김윤곤

군인의 훈련

발광하는 빛아래 살타는 냄새
대롱히 매달린 엉덩이 땀방울
코속 아리게 젖어드는
사나이 내음새에
날리우는 먼지덩인
기상을 더 한다

묵직한 30kg의 완전무장을
온몸으로 쓰고 지고 메고
태양을 마주하며 온 하루를
밤들을 즈려밟고 온밤을 꼬박
계곡과 산 능선 따라 걷는
살들이 짓물려 진물이 나오고
뼈와 뼈의 진액이 빠져나오는
한걸음 한걸음의 산악행군뒤...

빗속에 열한 병들
군복은 빛을 잃고
땀이 가득찬 전투화 새로
발 썩는 소리가 들리운다
부리부리한 고리눈
부르르 진동하는 고함
산이 울음 우는 메아리

이 영웅들이 이 땅을 수호한다.

삼팔선의 밤

소리 없이 짙어는 어둠
지금도 느낄 사이 없이
차가움은 스며 드은다

공허는,
별과 같이 빛을 발하고
그리움은 별 발자국 따라 늘은다

가로 세로 엉키어
밤들을 똥침하며
나라를 둘로 나누는
통곡하는 침묵의 벽은
다가감을 꺼린다지만

차마 두발을 묶지 않음보다
이미,
당신이 내속에 있음인데...

김윤곤

♡

삼팔선의 초병. 밤별과 별 그림자 사이로 지나가는 사랑하는 가족 애인 지인들...그리고 나의 조국. 어려움과 그리움을 의지로 이겨내고 훈련으로 몸을 다지는 군인.

남자의 향기란 어떠한 위험과 갑작스런 사태에도 굴하지 않고 당당하게 마주하며 당면한 문제들을 풀어나가는 것을 저는 감히 남자의 향기라 명명합니다.

파릇파릇한 청년이 제대하면 품는 믿음직한 남자의 향기. 군대를 제대로 다녀오는 우리들의 아버지 남편 아들은 많이 믿고 의지 할 만합니다. 대한민국 남자는,

친구 분들 중 아들이 군대 간 분들도 많이 있습니다. 당연히 걱정도 많이 하시더군요. 믿고서 기다리면 당당한 남자의 향기를 품고 모두 곁으로 돌아올 것입니다.

6.25가 지나 간지 66년 되는 오늘입니다. 전 세계에 유일하게 존재하는 통곡의 벽을 허물고, 다가오는 통일의 대한민국을 위해, 오늘도 조금씩 전진하고 있습니다.

이 땅에 자유와 평화를 위해 꽃같이 쓰러져간 장병들을 별☆이별로 가슴에 새깁니다.

나는 어찌 하오리까

이제는 충분하다 하는데도
이제는 넘친다고 하는데도
이렇게 과분함을 보내시면
나는 어찌 하오리까

현금으로 보낼 수도
물건으로 보낼 수도
가슴으로 보내어도
너무 많이 모자라는
나는 어찌 하오리까

고운님들
한 가지씩 나눌 수도
한 잔씩을 나눌 수도
혼자 먹긴 미안한데
나는 어찌 하오리까

우연히 들어와 본 카스에서
스치듯 만나게 된 고운님들
중년이 되어버린 지금에서
평생에 가슴속에 새겨지는
소중한 인연들을 만납니다

이제는,
나는 어찌 하오리까?

꿈결 속 휴일

쪽파를 씻어서 다듬고
향긋한 미나리를 더하고
탱글한 통영굴을 더합니다

타닥타닥 지글거리는
기름에 전을 만들고

오동통한 굴밥을 곱게 짓고
초장에도 싱싱함을 담그며
소주 한잔을 곁들이네요.

천연 비아그라인 야관문에
육체를 불태울 준비하고,

보기에도 멋스런 산삼주에
건강도 좋게 쓰담쓰담하며

친구가 보내준 시에 젖으며
마음도 차분한 시간을 더하고

친구들의 발자욱이 그윽하니
무릉이 세상의 어드메인지

내 고운 친구들의 사랑 속에
고니가 천국을 경험합니다.

♡

일 년 동안에 받은 선물을 나열해 봅니다. 작은 꽃님이 보내준 온갖 종류의 과자들이 담겨있는 과자 한 박스. 고니를 영화 속 왕자처럼 멋스럽게 그려준 캐리커처.

김선순 시인님이 보내준 시집. '말의 향기' '문장 한 줄이 밤새 사랑을 한다.' 고운 글씨로 안부에 서명까지 곁들여서, 장계숙 시인님의 안부와 시집 '보이는 것 너머'

한 고운님은 산삼 두 뿌리가 잎까지 통째로 담겨있는 산삼주와 귀중한 산삼 열뿌리. 산삼과 귀하디귀한 산야초들 열다섯 가지로 버무린 산삼 김치 한포 대.

쑥부쟁이를 말리고 쪄서 만든 쑥부쟁이 국수. 아이 얼굴만한 더덕에 야생 신마. 예쁘게 잘 말린 곶감 다섯 봉지와 잘 익은 큼지막한 대봉감을 한 박스, 밤 한자루,

고운님의 통통한 전복 한 박스, 탱글한 통영굴을 박스, 고운님은 법제된 야관문주 봉독주등을 정성스러운 편지와 함께 선물로, 글창고 도경님의 제 시의 캘리그래피.

김윤곤

하늘을 대신하는 어머니

군에 입대 하던 날
어머니는 가만히 방에 들어와
몸 얼굴 귀 머리카락 손 등을
어루만져 주셨습니다
가슴으로 흐느끼시면서…

선임에게 방독면으로 맞아
머리가 깨졌던 오래전 그날
미간사이로 흘러내리는 용암
악마의 불꽃 덩어리로 화해
태워버리려 불쑥 다가가니
토끼눈 뒷걸음치며 도망을…

쫒아가는 나를 막는 영상
이슬 젖은 촉촉한 나의 어머니

세상의 파도를 넘어버린
반백의 세월 묻은 중년이 된
지금도 그렇게
하늘을 대신해
파람의 막으로 머무십니다

감성이 물결치며 피어나는
따듯한 가슴의 시인의
마음의 화원을 가꾸게,

선택

하늘이시어
나는, 이제 어쩌란 말이오

현실속의 동네 아저씨는
포도송이 온 가족의 가장인
책임감의 무거움에 짓눌려
일속에 파묻혀 살아가고

내속의 시인이란 놈은
심장이 할딱이며 뛈을 뛴다고
글로 무한대의 꿈을 그리자
무엇인가를 그리워하자고
가슴에 감성을 더해주자고

하늘님아
현실의 착한 동네 아저씨
내 속의 시인이라 하는 놈

둘의 힘겨루기 싸움에
두개의 세계를 오가는

나를 좀,
도와주시오.

김윤곤

깨어있는 밤

하루를 끝내고 맞이하는 밤
삶은 밤의 역사라고 굳게 믿는 나이기에 항상 다가오는
쓸쓸함이 무지 좋다
입으로 할 수 있는 암만 많은 단어들보다도 더
많은 영혼의 언어
기억되어지는 것들은 보다 귀한 추억의 조각들
울부짖고, 괴로워하고, 슬퍼하던 것들마저도
곱게 포장되어 있다
선물을 할 것도 아니지만,
작은 사람의 역사를 만들고자 차곡히 채워진다
그것의 쌓임이 끝나는 날에 가만히 눈을 감겠지
죽음이 아닌 안락의 잠속에서 웃고 있으리라
세상에서 가장 귀한 것이 스러짐이 아닐까
경험하지 않은 이가 하는 말이 될지는 모르겠지만
하루 밤, 하루 밤마다 늘어가는 돌이킴의 아름다움
내가 클 수 있음은 아직은 작기 때문이기는 하지만
아직은 작다는 만큼이나 편한 것도 없다
가진 것이 작은 만큼 채워질 것도, 지금 내가 아는 것
보다도 더 많을 것이 아니겠는가

간직하는 순간순간이 영원으로 자리 잡는 그날
그날이 언제일지는 몰라도, 자리를 잡아간다는
것이 무한한 기쁨과 열정을 준다
비록,
알아가는 하나하나가

수많은 중에 하나의 껍질을 벗겨 낸지도 모르지
껍질의 덩어리인 양파처럼
어쩌면 알맹이마저도 알맹이가 아닌 더 보드라운
거죽의 덩어리일지도...
하지만,
사람 살아감이 다 그런 것
믿는 것이 없다면 헬 수 없이 소중한 진리마저도
아무것도 아니지 않은가
길지도,
짧지도 않은 우리의 생애
물질에선 빈손으로 감이 확실치 않은가
불확실함에 존재되는 허무보다는
하잘것없는 것일지라도 느낄 수 있는 확신으로서
자아를 세워나가는, 그래서 정신을 살찌울 수 있음이
더 많은 좋음이 있지 않을까

아무도 가르쳐주지 않는다
가르쳐주는 것은 마음이요
가르침을 배우지 못하는 것도 마음이다.

삶은 아무것도 주지 못하며
삶은 어떤 것도 주지 않는 것이 없다
내가 나를 바로알고, 부족함을 노력할 때
모든 것들이 존재하는 것이다.

또, 더, 필요한가.

김윤곤

낙엽과 황혼

메마른 낙엽을 밟는 걸음이 건조하다
지나온 자국마다 "바사삭~ 바사삭~"
음향 속에 쪼개진 조각조각들

편안한 나뭇가지위의 둥우리를 떠나
웅크리고 동그라진 잎새 잎새들마다
흩치는 바람이 살랑이며 희롱한다

이제는,
다시 꿈을 꾸며 푸르를 수도
다시 꿈을 꾸며 붉어질 수도

아~
그리워하던 그날을 그릴 수 없음에
다가올 앞날을 그릴 수조차 없어라.

어디쯤

밤 별들이 내려와
가슴에 자리를 잡고
마음의 의자인 보름달과
주위엔 작은 별들이
어둠속에서 저마다
작은 횃불을 켜고
지친 몸들을 위로하는

어디쯤
그, 어디쯤 왔을까

질과 양을
잴 수 없는
중량감의
짐을 등에
짊어지고,

짙게 깔린
짙은 밤을
짓누르며
지나가는
지금, 우린.

김윤곤

낙엽 따라

축축한 대지를 나리우는
이슬 젖은 조각난 낙엽
스스로 하나를 만듦이 꿈

자리 잡은 쓸쓸함 하난
깊숙히서 폭발을 한다
무엇이 나를 여기에
머무르게 하였는가

나무둥지로 동그라진 떨어짐이
다시는, 돌아갈 수 없는
길고 깊은 헤메임

가물히 스며오는 바람의 차가움이
홀로인 나를 위로할 뿐
다갈 수 없는
어둠 저편으로 묻혀버렸다

이제, 어쩔거나
부질없는 돌이킴
확신 없는 믿음
기약 없는 내일

다시 불어올 바람에
나를 맡길 뿐이구나.

별들이 무리 짓는 밤

김윤곤

깨끗한 밤하늘이 머무르는
구름의 이불을 가만히 개고
곱게 동그란 얼굴을 내민
마음의 편안한 의자인 보름달이

저마다의 횃불을 밝히면서
빛을 발하는 작은 별들과 더불어
지친 몸들을 위로하는

까만 하늘에 박같이 고운달
달 속에는 토끼가 보이고
미소 짓는 아버지도 보이고
지금의 나도, 내 고운님들도
하나하나가 스치듯 보입니다

꿈을 꿉니다
편안한 가정
언제나 주어진 책임을 다하는
언제나 좋은 추억으로 남아지는
죽어서도 가슴에 사는 별이 되는
나이기를, 우리이기를

우리 편안한 가정의.

경계

누우런 고치를 벗겨내고
나비가 팔랑이며 날개짓을

하아얀 알을 깨어내고
독수리가 아름다운 비행을

힘들어도 내가 깨어 내어야지
남이 벗겨주면 생의 마지막

길을 가다가 막혀있을 그때는
내가 여무는 시간의 다가옴

그대 속에 살아있는 그대는
그대가 생각하는 것보다도
훨씬 더 강하고 아름답지요

가만히 눈을 감고 생각하면
내속에 살아있는 나를 보고

간절히 꿈을 꾸며 그리워하면
세상의 경계너머 나를 본다.

♡

요번 주에 한 고운 친구님이, 자신이 평생 꿈을 꾸는 공부가 진도가 안 나간다고 능력의 한계에 도달한 듯하다고, 친구인 고니에게 살짝 조언을 부탁했네요.

카친인 조영희 화가님이 고니에게 선물해준 그림을 자세히 보면서 이런 글을 쓰게 되었습니다, 이 글이 그의 물음에 답변이 되기를 살며시 기대해 봅니다.

실험실에서 과학자가 나비의 고치를 밖에서 천천히 벗겨 주었더니, 아름다운 나비가 곱게 날지를 못하고,
세상 나온 나비가 시름시름 앓더니 생을 마감합니다.

여물지 못하고 열려지는 세계는 오래가지가 않지요. 알은 더 말할 나위가 없겠지요. 달걀 후라이가 되던지 거친 세상 속에 타인의 먹잇감이 될 수밖에 없습니다.

살다보면, 누구나 힘든 상황을 맞이하게 됩니다. 길도 없고 답도 없어 보이는 막막한 벽. 그때는 내가 여무는 시간입니다. 받아들일 나의 그릇을 크게 키우는 시간.

이 책을 읽으시는 모든 분들이 마음의 구름을 세우고 생각이 경계를 넘어가는 시간들이 머물기를 바랍니다.

김윤곤

김선순 시인

자신의 시집을 낼 때마다
곱게 저의 안부를 묻고
정성스럽게 서명을 해서
보내주는 시인이 있습니다.

카친인 그녀와의 우연히 시작된
우리의 고마운 인연을 생각하며
그리고,
시인을 꿈꾸는 문학도들의
등대별이 되기를 바라며

김선순 시인님의 주옥같은 시
세편을 여기에 곁들여
소개하고자 합니다.

그대라는 이름 하나

김선순

그대라는 이름 하나
가만 불러보면
순간
불이었다가
순간
바람이었다가
가슴엔
꽃이 피고
낙엽이 분분하다

그대라는 이름 하나
가슴에 걸면
잔잔한 물살이 일고
거센 풍랑으로
그대 나를 다녀간다

김선순

생은 시詩 이다

누구나 시인은 아니다
허나 우린
누구나가 시인이다

한 생애를 통틀어
행간 골목골목 연과연 사이
세월의 침식과 퇴적으로
한치 앞을 내다 볼 수 없는 삶을
희로애락으로 써 내려 가는 우린
시인이다

때론 추억이란 시간을 쓰다듬고
때론 후회란 쓰라림에 좌절하며
생의 봄날을 맞아 격정으로도 흐른다
아니 어쩌면
정지된 시간 속 생이란 이름으로
잠시 잠깐 다녀가는 지도 모를 일

지금까지를 살며
미칠 듯 뜨거운 적이 있었던 가
저 한철 싱그럽게 타오르는 푸름처럼
제 살 찌르며 처절히 피우는 저 붉은 장미처럼
단 한 순간이라도 심장을 들끓게
한 적이 있었는 가

우린 지금
몇 연 몇 행쯤을 흐르고 있는 걸까
마지막 행 한 줄에
"충분히 아름다운 생이었노라!"
시 한 줄 마감하고 싶다

생에 단 한편 뿐인 대서사시의
찬란한 마침표를 찍고 싶다.

김선순

바람처럼 들풀처럼

들풀에 바람이 찾아오면
그 바람 타고
그 바람 보다 먼저
그 바람 안고 누워보라

살랑이는 바람에
덩달아 설레여도 보고
바람앞 순응으로 누운 풀잎처럼
허망한 욕심 놓아
그 바람의 물살에 흠뻑 젖어도 보라

단 한 번도
걸치지도 잡히지도 않고
자유로이 길을 내는 바람앞에
잠시잠깐 내맡긴들
뿌리까지 흔들릴까

삶 앞에 지친 영혼아
강하면 부러지기밖에 더 할까
때론
적당함의 중용과 타협의 현명함으로
진정 자유롭길

지나온 날 되짚어 보니
결국 거기서 거기지 않은가
거침없는 바람으로 내달려도 보고
풀처럼 유연하게 흔들려도 보자

한 번쯤
자유로운 영혼으로
흘러가도 좋으리
한 번쯤 나를 놓아
들풀처럼 흔들려도 좋으리.

김선순

구름을 세우는 시간

인 쇄: 초판인쇄 2017년 12월 15일
인 쇄: 초판인쇄 2017년 12월 20일
지은이: 김윤곤
펴낸이: 윤기영
편집장: 정설연
펴낸곳: 노트북
등 록: 제 305-2012-000048호
본 사: 서울시 동대문구 사가정로 256-4호 나동B101호
전 화: 070-8887-8233 팩시밀리 02-844-5756
이메일: hdpoem55@hanmail.net

2017. 12 김윤곤 제2집

ISBN: 978-89-92687-99-7-03810
정가 10,000원

*저자와의 협의로 인지는 생략합니다.
*잘못된 책은 교환해 드립니다.